AF331462

F
5950

FACULTÉ DE DROIT DE PARIS.

THÈSE
POUR LA LICENCE.

L'ACTE PUBLIC SUR LES MATIÈRES CI-APRÈS SERA SOUTENU

Le Vendredi 15 Février 1850,

Par M. Eusèbe DU PORTAIL,

Né à Bellème (Orne.)

PRÉSIDENT, M. ROYER-COLLARD.

SUFFRAGANTS :
MM. BLONDEAU,
DUCAURROY,
BONNIER,
} Professeurs.
FERRY
Suppléant.

Le candidat répondra en outre aux questions qui lui seront faites sur les autres matières de l'enseignement.

PARIS.

IMPRIMERIE ET LITHOGRAPHIE MAULDE ET RENOU,

RUE BAILLEUL, 9-11 PRÈS DU LOUVRE.

1850.

A MON PÈRE ET A MA MÈRE.

RESPECT, ATTACHEMENT ET RECONNAISSANCE.

JUS ROMANUM

BIBLIOTHÈQUE NATIONALE · R. F. · ESTAMPES

DE HIS QUI ALIENI JURIS SUNT.

(D. I, 6. — XXV, 3. — XXXVII, 15. — Gaius, I, § 48-96.)

Ex scriptis Gaii personæ alieni juris sunt, aliæ in potestate, aliæ in manu, aliæ in mancipio; sed Justiniano imperatore, personæ alieni juris sunt omnes in potestate vel dominica vel patria. Hic quærenda sunt jura et officia quæ oriuntur ex utraque potestate.

DE POTESTATE DOMINICA.

Ut ipsa servitus, a jure gentium potestas dominica procedit. Ab initio in servos jus vitæ necisque domini habebant : illos ad bestias depugnandas tradere licebat, aut exponere ægrotantes. Sed imperatores servis immaniter tractatis auxilium attulerunt. Jam Augusti temporibus lex Petronia; mox Claudii et Hadriani constitutiones meliorem servorum conditionem fecerunt. Apud Senecam discimus ad illos, de justis querelis, audiendos magistratus præpositos fuisse. Si a domino torquantur, Divus Pius rescripsit illos veniri bonis conditionibus ; Constantinus recens licentiam castigandi illos tantum relinquit, et si immodere vel fuste usum est, voluntas illos occidendi præsumitur et punietur dominus : et si ad turpem violationem dominus compellit servum vel ancillam, ad manumittendos illos compelletur.

Sic coarcta secundum humanitatem domini potestas in servos suos illibata manet : igitur Justiniano imperatore servus est res domini; quidquid acquirit juste, id domino acquiritur.

DE PATRIA POTESTATE.

Patria potestas in liberos tanta erat quanta dominica in servos : attamen a potestate dominica longe distat quod ad cives romanos tantum pertinet et illis proprium est. Juris civilis gratia vir qui in domo dominium habet, in potestatem suam retinet liberos quos a justis nuptiis procreavit et omnes ex illis descendentes per virilem sexum. Pater qui et ipse patriæ potestati subjicitur non dominium habet, in liberos suos potestatem habebit, solummodo patre mortuo cui ipse subjicitur, si in familia semper manserit et erga suos locum obtinebit quo erga illos stabat avus.

Hac potestate olim poterat pater filios publicis locis exponere, occidere et etiam vendere, sic Tabularum duodecim statuerat lex ; sed Diocletianus et dein Maximianus hanc mitigarunt et extra casum ægestatis ultimæ venditionem vetuerunt; eodem casu permittit et vendere et exponere illos Constantinus, sed duntaxat recens natorum. Hadrianus deportavit patrem qui necaverat filium ; denique modica castigatio parentibus relinquitur et ultra magistratus querelas patris audiet et precibus suis obtemperabit ex æquo et justo. Tandem pœna parricidi afficitur qui filium necaverit.

Ut servorum acquisita ad dominum pertinebant, sic filiorum ad patrem ; sed favore militum principes introduxerunt peculium quod dictum est castrense, deinde quasi-castrense quibusdam aliis extensum. Imo Justinianus omnia quæ liberi acquirunt aliunde ex re patris non ejus commodum esse jubet. In hac potestate semper manent filii, nisi e familia exeant ; attamen in publicis causis parentum jura interquiescere volunt imperatores.

Uxores in patria potestate conventæ apud quosdam inveniuntur. Enim vero uxor in manu mariti quondam eumdem locum quam liberos ejus suosque tenebat et illi subjiciebatur seu per solemnia sacra veluti ferreationem coemptionemve, seu per usum. At Justiniani temporibus nuptiæ tantum ad potestatem marito tribuendam sufficiunt.

Gaii Instit. Comment., I, § 48-96.

Ut nuptiæ hoc efficiant, oportet inter illos qui matrimonio conjungi volunt, jus connubii esse, ex quo liberi patris conditionem sequuntur et non solum cives romani sed et in potestate patris sunt.

Hoc jus ad romanos cives utriusque sexus olim tantum pertinebat. Cives tamen a quibusdam nuptiis semper abstinere debuerunt. Ita qui parentum liberorumve locum inter se obtinent, vel ex transverso gradu junguntur nuptias contrahere non possunt : et hoc non tantum in naturalibus, verum etiam in adoptivis simili jure utitur. Illi vero qui ex coitu nascantur spurii vel sine patre habentur.

Cum servis jus connubii non est ; olim civis romana quæ alieno servo coierit,

volente domino, libera manens, ex senatusconsulto Claudiano servum pariebat.
A contrario ex ancilla et libero, istius errore probata, liberi masculi nascebantur. Sed divus Hadrianus partum his casibus jure gentium sequi matris conditionem jussit, excepto casu quo libera sciens alieno servo coierit.

Cum peregrinis, latinis et dedititiis non erat jus connubii; idcirco qui nascebantur ex illis matris conditioni et non patris accedebant. Imperatores attamen veteranorum favore latinis quibusdam peregrinisque jus connubii tribuerunt, ut nati his matrimoniis sint cives et in potestate patris. Mox si romanus latinam aut peregrinam uxorem duxerit per errorem credens eam esse civem romanam et filium procreaverit, permittitur causam erroris probare et ita uxor et filius cives fiunt et filius in potestate patris est : si romana per errorem nupta sit peregrino, eodem favore utetur. Tamen si homo inter dedititios numeratur, quamvis filius romanus fiat, in sua conditione manet.

Latini civitatem simul et patriam potestatem obtinent. Peregrini vero, quibusdam, ut supra diximus, exceptis, patriam potestatem favore principis impetrare debent.

Denique legitimi concepti a conceptione statum sumunt, sed de vulgo conceptis, tempus editionis tantum inspici debet.

DE AGNOSCENDIS ET ALENDIS LIBERIS, VEL PARENTIBUS,

VEL LIBERTIS, VEL PATRONIS

(D., lib. XXV, tit. 3).

Hæc pars onerum matrimonii est, ut vir liberos ex matrimonio editos agnoscere et alere teneatur.

Ad liberos agnoscendos pertinent duo senatusconsulta : Plancianum ante Hadriani tempora, et alterum sub Hadriano.

1° Plancianum spectat liberos quibus se mulier post divortium prægnantem dicit. Ut vir liberos agnoscere teneatur, duo a muliere desiderantur : intra triginta dies continuos post divortium denuntiare debet se prægnantem esse viro ipsi, vel illius parenti, vel ad domum ; debet adhuc si custodes offerat vir, illos admittere. Si peccet istis præceptis licet marito, parentive ejus partum non agnoscere.

Vir cui mulier denuntiavit ex illo se prægnantem esse, debet contra denuntiare aut custodes mittere. Si paruit senatusconsulto maritus, non alias necesse habebit agnoscere, nisi vere filius fuerit. Si peccaverit, cogatur partum agnoscere.

,Si neuter peccaverit, pronunciabit judex et in hac materia judicium jus facere placuit.

Notandum est ut si contra hoc senatusconsultum a patre vel matre peccatum fuerit, non filio nocebit omissio. Filius a viro procreatus potest in omnibus modis causæ se filium ejus esse probare. Omissionibus tantum hoc evenit ut si culpa e matre procedat pater alere natum cogatur solummodo si constiterit se filium esse ; si autem ex patre, ut omnimodo natum alere debeat. Sed nunquam alimentorum causa veritati officit, idcirco postquam aluerit natum pater recusare poterit illum.

2° Aliud senatusconsultum de agnitione partus editi constante matrimonio sub Hadriano latum fuit. Sic remedium est marito qui absentia diuturna vel infirmitate interveniente, vel alia causa cum uxore concubuisse non potuerit, ut natum etiamsi constante matrimonio recusare liceat. Si recusat maritus uxorem fuisse, quærendum est in primis de veritate et interim natum alere cogitur.

Hæc duo senatusconsulta vivo parente vel avo locum habent ; cessant, si natus supersit parentibus in potestatem quorum non recasurus sit, tunc ad illum pertinet petitio hereditatis.

DE ALIMENTIS.

Maxima ratione liberi a parentibus alendi sunt, nam necare videtur non tantum is qui partum perfocat, sed et qui alimonia denegat. Non solum liber utriusque sexus in potestate, sed emancipati, militares, pupillaresque alendi sunt a parentibus paternis et maternis quum pater moritur aut eget ; et vice mutua alere parentes debent illi. Judex de petitione alimentorum cognoscit, desideria perpendit et egenti pro modo facultatium exhiberi jubet, si non præstentur alimenta, pignoribus captis et distractis cogetur qui detrectet sententiæ satisfacere ; liberis attamen alimenta denegari possunt causa ingratitudinis. Non vero tantum alimenta, sed etiam cætera onera vitæ debentur.

Si patroni desint et liberti supersint, hi patronis alimenta exhibere cogentur, et non tantum patronis, sed aliquando parentibus et liberis eorum ; judex patronorum desideria perpendit et pronuntiat, arbiter autem estimat quæ a libertis pro modo facultatium exhiberi debent. An vero non præstentur, primum in potestatem patronorum redigentur, hoc non sufficiente, emptori addicentur et pretium patronis tribuatur.

Patroni non coguntur libertis alimenta præstare etiamsi possunt ; attamen liberto petente si patronus detrectet amissione libertatis causa impositorum et hereditatis punietur.

DE OBSEQUIIS PARENTIBUS ET PATRONIS PRÆSTANDIS.

(Lib. XXXVII. tit. 15.)

A liberis libertisque obsequia sunt parentibus et patronis tribuenda. Naturæ jurisque jussu liberi compelluntur : ideo quæque sint, imo inhonestæ, mores parentum, verecundiam et obsequia præbere illis debent liberi.

Extra quæ supra, obsequia compellunt ut nunquam actiones quædam — quæ personis infamiæ notam infingunt — quæ imo personarum dignitatem tantum delibarent — adversus parentes, patronos, illorum procuratores et patronorum liberos agantur. Tandem illi vocari in jus non possunt citra veniam prætoris et in quantum facere possunt damnentur.

Quondam impius qui patrem vel matrem non venerabat, emancipatus, rescisa ob causam ingratitudinis emancipatione, in patriam potestatem revocabatur. Hæc legis asperitas emendata fuit, sed etiam Justiniano imperatore qui in eis impias manus inferebat, vel contumeliis adficiebat, puniebatur præfecto Romæ delicti modo ad publicam pietatem pertinentis ; miles indignus militia judicandus est qui maleficos parentes appellaverit. Inter collibertos eadem pietas matri filium subjicit.

Erga patronum vel patronam vel eorum liberos indecor libertus punitur : qui non meminisset sibi personam patroni et heredum et liberorum ejus sacram habere, olim in servitutem redigebatur. Sed Constantinus inofficiosum libertum tantummodo castigari ; si ille contumeliam fecit, aut convicium dixit, in exilium etiam temporale mitti debebit ; denique nisi ob offensam atrocissimam, data libertas rescindi non potest.

[illegible]

[illegible]

[illegible]

DROIT FRANÇAIS

« Le mariage est la société de l'homme et de la femme qui s'unissent pour
« perpétuer leur espèce, et pour s'aider par des secours mutuels, à porter le
« poids de la vie, en partageant leur commune destinée. » C'est donc le
mariage qui fonde les familles, comme ce sont les familles qui constituent
l'Etat. Aussi, consacré par la religion, il est sanctionné par la loi ; et le législateur
a mis toute sa sollicitude à regler les conditions requises des contractants, à
prescrire les formalités qui assureront sa validité, puis à déterminer les obligations qui naîtront de son existence. Nous avons à étudier quelles sont ces
obligations ; nous verrons ensuite comment cette société intime de l'homme et
de la femme est rompue, bien que le mariage subsiste ; enfin, comment le
mariage est dissout, et à quelle condition la veuve pourra en contracter un
nouveau.

DROITS ET DEVOIRS RESPECTIFS DES EPOUX,

(Art. 212-226).

Le premier devoir des époux est de garder la foi qu'ils se sont jurée. Unis
pour suivre la même destinée ils doivent s'entr'aider dans les traverses de la
vie et trouver toujours dans la fortune et dans le cœur l'un de l'autre des
ressources contre le malheur ; car ils se sont donnés l'un à l'autre sans réserve.
Outre cette obligation réciproque, des devoirs respectifs leur sont départis par
la nature elle-même, et la loi les confirme : le mari, proclamé chef de la société
conjugale, doit protection à la femme ; celle-ci, par un juste retour, lui doit
obéissance. De cette relation de protection d'un côté, d'obéissance de l'autre,
naît pour la femme l'obligation d'habiter avec le mari ; elle ne peut avoir
d'autre domicile que le sien, et, quoi qu'il en coûte à ses affections, à ses
intérêts même, elle doit le suivre en quelque endroit qu'il veuille se fixer. Et,

telle est l'étendue de ce devoir, que tout moyen légal peut être employé pour l'y contraindre, même celui de la force publique, suivant quelques auteurs. — Trois exceptions cependant semblent dégager la femme de ce devoir : l'humeur vagabonde d'un mari qui, errant capricieusement d'un lieu à l'autre, ne veut se fixer nulle part ; le manquement au devoir que lui impose la loi, de recevoir sa femme dans sa demeure et d'y subvenir à tous ses besoins, selon les convenances ; enfin, sa volonté de quitter le sol de la patrie, malgré la défense de la loi.

En se donnant un protecteur de son choix, la femme a déposé entre ses mains sa volonté ; elle lui fait abandon de ses droits et de ses intérêts, se reposant sur sa vigilance du soin de les exercer et de les faire valoir. Perdant ainsi, en général, la faculté d'exercer les actes de la vie civile, elle est déclarée par la loi incapable de s'obliger et d'ester en justice. Mais cette incapacité n'est pas absolue, elle en sera relevée par l'autorisation du mari, et, à son défaut, de justice.

Cette autorisation est requise, toutes les fois que la femme procédera, soit comme défenderesse, soit comme demanderesse pour des intérêts civils. Qu'elle soit marchande publique, qu'elle ait conservé l'administration de ses biens, peu importe ; car plaider n'est ni un fait de commerce, ni un acte d'administration. Mais, défenderesse en matière criminelle ou de police, elle n'a pas besoin d'être autorisée, la défense en pareille matière est urgente, forcée, et la femme, comme tout autre, doit compte de ses délits à la société.

Aliéner et acquérir lui sont interdits, sous quelque régime qu'elle soit mariée. Elle ne peut aliéner, à titre gratuit ou onéreux, ni acquérir, à l'un ou l'autre titre, même par adition d'hérédité. Le mari est obligé de supporter les charges du ménage ; comme chef, il est responsable, et sa gestion ne peut être compromise par la libéralité, par l'inexpérience ou par l'imprévoyance de la femme. Quant à la défense d'acquérir à titre gratuit, le don peut cacher des charges, et la bienséance ne permet pas que la femme puisse recevoir même une libéralité pure, à l'insu de son mari. De cette incapacité générale d'acquérir et d'aliéner, en vue de quelque avantage que ce soit, naît celle de contracter, car quiconque s'est obligé est tenu sur tous ses biens présents et à venir, art. 1124, 2092, 2093, C. c.

Bien que la femme non autorisée ne puisse contracter d'obligation, elle peut néanmoins se trouver obligée valablement, soit par son délit ou quasi-délit, soit par un quasi-contrat : qui cause à autrui un dommage doit le réparer ; nul ne peut s'enrichir aux dépens d'autrui, art. 1312, 1370, 1382. En outre, la loi affranchit la femme de l'autorisation maritale, pour certains actes, à raison de leur nature : ainsi, elle pourra faire son testament ; elle dispose alors pour un temps où la pnissance maritale sera éteinte. — Elle peut révoquer la donation entre vifs par elle faite à son mari ; ces dispositions sont déclarées révocables par la loi, et le libre exercice de ce droit semble incompatible avec l'autorisation maritale, art. 1096 : — elle peut requérir seule l'inscription de ses créances, art. 940, 942, 2139.

L'autorisation du mari doit être spéciale et renouvelée pour chaque acte où elle est exigée. Néanmoins la loi reconnaît suffisante pour deux cas seulement une autorisation générale : la femme autorisée à administrer ses biens personnels, a capacité suffisante pour faire tous les actes de cette administration dans une large mesure ; l'autorisation de faire le commerce entraîne celle d'aliéner, d'hypothéquer, d'acquérir, de s'obliger pour les faits de son commerce ; la rapidité des opérations commerciales, leur fréquence et les garanties dues au crédit ont déterminé le législateur à introduire cette exception. Mais, hors ces deux cas, une autorisation générale, fût-elle stipulée par contrat de mariage, serait de nul effet.

L'autorisation maritale est fondée surtout, nous l'avons vu, sur les idées de protection et de déférence ; la loi qui confère ce pouvoir a dû le retirer et le suppléer s'il dégénère en tyrannie, s'il ne peut être exercé par le mari. C'est pourquoi, sur le refus du mari d'autoriser la femme défenderesse, le tribunal saisi de la contestation pourra l'autoriser ; si la femme est demanderesse, ou s'il s'agit d'un acte extrajudiciaire, elle devra préalablement s'adresser au tribunal civil de l'arrondissement où se trouve le domicile conjugal ; après avoir fait signifier une sommation à son mari, elle présentera requête au président de ce tribunal pour obtenir ordonnance permettant de le citer et alors, le mari entendu en la chambre du conseil ou dûment appelé, le tribunal, sur les conclusions du ministère public, autorisera la femme s'il y a lieu, art. 861, 862, C. pr. Dans le cas où le mari ne pourrait manifester sa volonté, ou, si sa volonté était insuffisante, comme interdit, condamné à une peine afflictive et infamante, mineur, le tribunal statuera sur la requête présentée directement par la femme après rapport d'un juge et le ministère public entendu, art. 863, 864, C. pr.; et au cas de minorité du mari, il pourrait l'appeler à s'expliquer sur les intérêts de sa femme.

Cette autorisation régulièrement conférée par justice supplée celle du mari ; elle produit d'un côté le même effet, en ce qu'elle relève la femme

de son incapacité ; mais de l'autre elle en diffère, en ce que la femme ainsi
autorisée demeure seule obligée, tandis que l'autorisation maritale, si les
époux sont mariés sous le régime de la communauté, rend la communauté débitrice et le mari peut être poursuivi sur ses biens personnels, art. 1426. Enfin je ne pense pas que la justice puisse habiliter la femme à faire le commerce,
sous quelque régime qu'elle soit mariée, malgré la volonté de son mari.

Le défaut d'autorisation est une cause de nullité. Mais cette nullité est rela-
tive, sauf une seule exception ; elle est toute en faveur des époux : donc, eux
seuls ou leurs représentants y ayant intérêt peuvent l'invoquer ; donc, elle peut
être couverte par une ratification postérieure. Mais cette ratification émanant
du mari seul suffira-t-elle toujours ? Je ne le pense pas, car la femme se trou-
verait ainsi dépouillée de son droit ; l'action du mari est surtout protectrice et
cette ratification peut compromettre la femme, elle peut être inspirée par un
sentiment de mauvais vouloir. — Mais au cas de donation entre-vifs, le dona-
teur n'est lié que par l'acceptation expresse et valable du donataire ; l'acceptation de la femme non autorisée serait vicieuse et la donation resterait sans
effet, ici l'acceptation est une forme extérieure et substantielle de l'acte, art.
932, 934, 942.

DEVOIRS DES ÉPOUX ENVERS LA FAMILLE.

Tout homme, de par la nature et la religion, a des obligations envers ses
auteurs et envers ses propres enfants ; la loi, en les confirmant, détermine leur
étendue civile et proclame d'abord le droit aux aliments, puis dans un titre spé-
cial elle organise la puissance paternelle.

DES ALIMENTS.
(Art. 203-311).

Les père et mère doivent fournir à leurs enfants toutes les choses nécessaires
à la vie, les nourrir, les entretenir et les élever. A tout âge l'enfant dans le besoin peut donc recourir à ses auteurs pour en obtenir assistance ; cependant la
loi qui proclame son droit à des aliments déclare en même temps que l'enfant
n'a pas d'action contre ses auteurs pour un établissement par mariage ou autrement. A défaut des père et mère, les ascendants seront tenus de la dette alimentaire, et, par une réciprocité que la nature elle-même commanderait dans
le silence de la loi, l'enfant doit des aliments à ses auteurs et à ses ascendants.

Cette même obligation, en vertu de la loi et à raison du lien qui les unit, est imposée à chacun des époux au profit des ascendants de son conjoint et au profit des conjoints de ses descendants ; réciproquement, chacun d'eux peut en exiger de ces personnes ; car, tel est un des caractères de la dette alimentaire que, ceux qui la doivent peuvent l'exiger à leur tour de ceux à qui ils la doivent. Cette dette a pour base d'appréciation la fortune des uns, le besoin des autres ; la même personne pourra donc se trouver, suivant les vicissitudes humaines, tantôt créancière, tantôt débitrice de cette dette qui augmentera ou diminuera selon les besoins de ceux à qui elle est due, selon l'état de fortune de ceux qui la doivent, selon le nombre de ceux qui contribueront à son acquittement. Enfin à raison de sa nature, cette dette est toute personnelle et les héritiers du créancier n'y ont aucun droit.

La dette d'aliment comprend tout ce qui est nécessaire à la vie eu égard aux habitudes, à la condition des uns et à la fortune des autres. Elle doit être acquittée en argent. La loi ne pose d'exception qu'en faveur des ascendants que les tribunaux admettront parfois à recevoir leurs descendants nécessiteux dans leur propre demeure pour subvenir à leurs besoins, et en faveur de ceux qui sont dans l'impossibilité de s'acquitter autrement qu'en nature. Cette obligation s'éteint par le rétablissement de la fortune de celui en faveur de qui elle existe ; par le convol de la femme à de secondes noces, puisqu'elle entre ainsi dans une nouvelle famille où s'ouvrent pour elle de nouveaux droits, par le décès de l'époux qui produisait l'affinité et le décès des enfants issus de son union.

DE LA PUISSANCE PATERNELLE.
(Art. 371-387.)

« La puissance paternelle est un droit fondé sur la nature et confirmé par
« la loi, qui donne aux pères et mères, pendant un temps limité, et sous cer-
« taines conditions, la surveillance de la personne, l'administration et la jouis-
« sance des biens de leurs enfants. »

La faiblesse de l'enfant sera donc entourée de la vigilante sollicitude des parents ; la nature, la religion, la loi, le leur commandent. Ils devront cultiver son cœur et son intelligence, car ils ont pour mission de former un bon citoyen. De là pour l'enfant devoir d'habiter près de ses parents ; l'engagement volontaire à l'âge de vingt ans peut seul l'affranchir de cette loi ; autrement, s'il s'y dérobe, l'autorité publique le ramènera au toit paternel. C'est au père, comme chef de la famille, qu'appartient le droit de puissance ; par sa mort, la mère en sera investie ; et l'émancipation ou la majorité en relèvera l'enfant : mais alors, devenu libre de sa personne, il devra encore et toujours et partout honneur et respect à ses père et mère ; à défaut d'autre sentiment, la loi le lui prescrit.

Pour être exercée efficacement, la puissance paternelle peut avoir besoin d'une sanction pénale ; laisser dans un temps éloigné au libre arbitre du père le soin de pourvoir ou non à l'établissement de ses enfants (art. 204), était un remède tardif contre une nature vicieuse ; il faut parfois, et à certain âge, une répression plus immédiate : aussi le père qui aura de graves sujets de mécontentement contre l'enfant, pourra le faire détenir. Deux voies lui sont ouvertes pour exercer ce droit de détention.

Si l'enfant est âgé de moins de seize ans commencés, le père, seul juge de sa conduite, demandera au président du tribunal de délivrer un ordre d'arrestation, et celui-ci doit le lui délivrer. L'enfant sera ainsi détenu pour un temps qui ne peut excéder un mois. Ici l'intervention de la justice n'est que de pure forme ; l'affection naturelle d'un père, le bas âge de l'enfant écartent toute crainte d'abus ; mais que certaines circonstances déterminées puissent faire suspecter le jugement du père, la loi prescrit des formes protectrices.

Si l'enfant est âgé de seize ans, s'il a des biens personnels, s'il exerce un état, si son père est remarié, la détention n'a plus lieu que par voie de réquisition, et ne peut excéder six mois. Le président du tribunal reçoit la plainte du père, écoute sa demande, en confère avec le ministère public et délivre l'ordre d'arrestation en fixant la durée de la détention, ou le refuse. Si la religion du président a été surprise, malgré ces précautions, l'enfant peut adresser un mémoire au procureur général pour faire rapporter l'ordre de détention, ou la faire abréger.

La mère investie de l'autorité paternelle ne peut exercer le droit de détention que par voie de réquisition ; encore lui faut-il le concours des deux plus proches parents paternels, et, remariée, elle le perd durant la vie du second mari.

Dans tous les cas où ce droit est exercé, nul autre écrit que l'ordre d'arrestation ne sera employé ; la loi ne veut point que les fautes de l'enfant flétrissent l'homme. Elle laisse d'un autre côté au père le droit de pardon, sauf nouvelle réquisition.

Enfin elle accorde aux pères et mères qui ont reconnu leurs enfants naturels les mêmes droits qu'aux parents légitimes.

La loi attribue à l'exercice de la puissance paternelle, comme récompense des soins et des charges qu'elle impose, la jouissance des biens personnels de l'enfant. Cette jouissance qui, dans le droit coutumier, était appelé *droit de garde*, modifiée par le code, prend le nom d'usufruit légal. Il appartient au père comme chef; la mère en a la survivance. Mais ce bénéfice impose de nouvelles charges et accroît l'étendue de celles préexistantes : ainsi, l'entretien et l'éducation de l'enfant ne lui seront plus dus en raison de la fortune de ses parents, mais bien de celle qui lui est propre : de plus, toutes les charges de l'usufruit ordinaire grèvent l'usufruit légal (art. 600, 605, 608); il est affranchi de la formalité de la caution, mais inventaire doit être dressé : les arrérages ou intérêts des capitaux doivent être servis, et les frais funéraires et de dernière maladie sont à la charge de l'usufruitier. — Sont exceptés de cet usufruit légal : les biens acquis par le travail ou l'industrie de l'enfant ; ceux qui lui sont donnés ou légués sous la condition expresse que les père et mère n'en jouiront pas ; ceux qui, par succession, sont dévolus directement à l'enfant, ses auteurs étant écartés comme indignes. — Il s'éteint par l'accomplissement de la dix-huitième année de l'enfant ou son émancipation ; par les causes de l'extinction de l'usufruit ordinaire (art. 617). Le convol de la mère à de secondes noces le lui fait perdre, et, né par le décès de l'un des époux, il cesse, avant que le survivant l'ait exercé, s'il a négligé de faire inventaire (art. 1442). Enfin, le père ou la mère qui aurait excité ou favorisé la débauche de l'enfant est indigne, et la loi le déclare déchu de son droit (art. 335 C. pén).

DE LA SÉPARATION DE CORPS.

(Art. 306-311).

La séparation de corps est un secours apporté par la loi à l'époux, à qui la vie commune a été rendue intolérable. Supprimée en 1792 et remplacée par le divorce, le Code l'a rétablie en 1804, par respect pour la liberté de conscience ; et l'abolition du divorce, en 1816, la laisse aujourd'hui seule en usage.

Elle ne peut résulter que d'un jugement, et ce jugement ne peut être fondé sur le consentement mutuel des époux ; la loi limite au nombre de trois les causes qui pourront motiver cette action : — 1° l'adultère de l'un des époux ; car le coupable a violé la foi jurée. Toutefois, les désordres de la femme ayant, par la perturbation qu'elle jette dans la famille, des conséquences plus funestes que ceux du mari, la loi se montre plus sévère à son égard : le fait seul d'adultère, de sa part, suffit pour déterminer la séparation contre elle et l'assujetir à une réclusion de trois mois à deux ans : pour que le mari adultère soit atteint par la loi, il faut encore qu'il ait entretenu sa concubine dans la maison commune, et alors même il ne sera passible que d'une amende de 200 à 2,000 fr. — 2° les excès, sévices et injures graves, c'est-à-dire, tous actes mettant en péril la vie ou la santé, ou portant gravement atteinte aux sentiments et aux égards que se doivent des époux. Une large part est laissée aux tribunaux dans l'appréciation de ces torts, qui s'augmenteront à raison de l'éducation et de la position sociale des parties. — 3° la condamnation à une peine infamante encourue durant le mariage ; le demandeur, dans ce cas, n'aura qu'à produire expédition du jugement de condamnation et un certificat constatant qu'il n'est plus susceptible d'être réformé par aucune voie légale, art. 261. Dans les autres cas, avant que les parties soient aigries l'une contre l'autre par les actes de la procédure, la loi veut qu'une tentative de conciliation ait lieu par les soins et sous les yeux du Président du tribunal de l'arrondissement du domicile conjugal ; s'il n'a pu ramener la concorde, il autorise la femme à plaider, lui permet de se retirer provisoirement dans telle maison du choix des parties ou qu'il désignera, art. 877, 878, C. pr. ; puis, l'instance commencée, la procédure suivra son cours. — Les faits allégués devront être prouvés ; l'aveu du défendeur serait insuffisant. Mais comme souvent la victime n'aura eu pour témoins de ses souffrances que ceux qui sont mêlés à sa vie intime, le témoignage des parents, des domestiques peut être invoqué (il faut excepter les descendants). — L'instance peut être arrêtée par le désistement exprès ou tacite de l'époux demandeur ; le désistement tacite résultera d'une réconciliation, d'un rapprochement même momentané ; la mort de l'un des époux arrête aussi l'instance commencée, le droit de demander la séparation est tout personnel aux époux, et la loi ne permet pas que l'œil indiscret d'un héritier vienne surprendre les plaies secrètes d'un ménage.

Lorsque la procédure établit les griefs légaux articulés, le jugement intervient : la vie intime des époux est rompue, plus de devoir de cohabitation, plus de domicile conjugal ; cependant la liberté ne leur est point rendue, le mariage subsiste, la fidélité conjugale est due, et la maxime *pater is est quem nuptiæ demonstrant* continue d'être applicable : la femme, pour ester en justice ou contracter des obligations, doit toujours être habilitée par l'autorisation maritale ; cette règle souffre exception pour ce qui concerne l'administration de ses biens, car la séparation de corps entraîne la séparation de biens ; elle recouvre ainsi capacité suffisante pour s'obliger dans les limites d'une large administration. Cette séparation de biens donne lieu à la liquidation des droits respectifs des époux et impose la nécessité d'une publication spéciale du jugement qui la prononce, afin que les tiers puissent traiter en sécurité avec la femme en ce qui concerne son administretion, et ne s'abusent point sur les pouvoirs et la fortune du mari. Enfin la séparation de corps peut cesser par le seul consentement des époux; quant à la séparation de biens qui en était résultée, elle continuera, à moins qu'ils ne fassent revivre les effets de leur contrat de mariage par un acte notarié en minute et avec les formalités de publicité qui ont accompagné le jugement de séparation, art. 1451.

DE LA DISSOLUTION DU MARIAGE.

(Art. 227).

Le mariage se dissout par la mort naturelle, par la mort civile de l'un des époux. Avec l'union conjugale s'éteignent forcément les devoirs respectifs, mais les devoirs envers la famille continuent d'exister pour l'époux survivant.

DES SECONDS MARIAGES.

(Art. 228).

Le mariage dissout, le survivant est libre et peut s'engager dans de nouveaux liens. La loi, cependant, défend à la veuve de contracter un nouveau mariage avant dix mois révolus depuis la dissolution du précédent. L'honnêteté publique et la tranquillité des familles appelaient cette disposition de la loi. Cependant, je ne crois pas que cette prohibition soit de nature à entraîner la nullité du mariage contracté à l'encontre. Cette prohibition a une autre sanction qui atteint l'Officier public ; la loi énumère avec le plus grand soin les causes qui rendraient le mariage nul ou annulable, et nous ne voyons nulle part l'infraction de l'art. 228 produire cet effet. Enfin le mari, ce nous semble, aura à s'imputer d'avoir agi trop à la légère.

QUESTIONS.

La femme peut-elle être autorisée par justice à faire le commerce, malgré la volonté du mari ? — Non.

Le père et la mère peuvent accepter la donation faite à l'enfant mineur (935);

dans ce cas la mère, pour accepter, doit-elle être autorisée du mari? — Non.

La dette d'aliments est-elle solidaire et indivisible? — Non.

Celui qui a droit à la dette alimentaire peut-il repousser l'action de son débiteur, qui se trouve être son créancier, à un autre titre, en lui opposant la compensation? — Non.

Le respect dû par les enfants à leurs auteurs va-t-il jusqu'à les rendre non recevables à intenter contre ceux-ci une action qui pourrait porter atteinte à leur honneur? — Non.

La mère, investie de l'autorité paternelle, peut-elle user du droit de pardon, comme le ferait le père? — Oui.

Si le père n'a la jouissance que d'une partie de la fortune de l'enfant, peut-il imputer les frais d'entretien et d'éducation sur les biens dont il n'a pas la jouissance? — Non.

La femme séparée de biens reprend l'administration de sa fortune, elle peut aliéner son mobilier (1449); peut-elle donc s'obliger jusqu'à concurrence de ce même mobilier? — Non.

En matière de séparation de corps, la réciprocité des torts peut-elle être opposée par le défendeur comme fin de non recevoir? — Non.

Paris. — Imprimerie de MAULDE et RENOU, rue Bailleul, 9-11.   3247

www.ingramcontent.com/pod-product-compliance
Lightning Source LLC
LaVergne TN
LVHW050253030726
842520LV00006B/2353